La clase del Sr. Post

por Isabel Sendao
ilustrado por Aleksey Ivanov

Scott Foresman
is an imprint of

PEARSON

Glenview, Illinois • Boston, Massachusetts • Chandler, Arizona
Shoreview, Minnesota • Upper Saddle River, New Jersey

Illustrations by Aleksey Ivanov.

ISBN 13: 978-0-328-40495-7
ISBN 10: 0-328-40495-0

2 3 4 5 6 7 8 9 10 V0G1 17 16 15 14 13 12 11 10 09

Era una mañana a comienzos de septiembre. El patio de recreo de la Escuela Primaria James Madison zumbaba de actividad. Había rostros felices por todas partes. Cualquiera que pasara por allí podía preguntarse por qué los estudiantes estaban tan alborotados, pero la explicación era simple. Era el primer día de clases.

Todos los chicos tenían historias para contar sobre sus vacaciones de verano. Había todo tipo de aventuras para relatar. Para muchos estudiantes parecía que había pasado mucho tiempo desde que habían visto a sus amigos de la escuela.

Sonó la primera campana y los alumnos hicieron fila para entrar a la escuela. La segunda sonó unos minutos después, y los maestros empezaron a conducir a sus estudiantes a los salones de clase. Era imposible mantenerlos callados. Había demasiados chillidos de zapatillas deportivas nuevas y demasiadas risitas de niños y niñas felices.

Cuando los maestros terminaron de hacer entrar a los alborotados escolares, el eco de murmullos y risitas siguió resonando en los corredores. La escuela estaba otra vez en sesiones.

Todos en la clase de tercer grado del Sr. Post sentían curiosidad por el nuevo maestro, ya que era su primer año en la Primaria James Madison. Escribió muy claramente su nombre en letra de imprenta con tiza en el pizarrón y los estudiantes esperaron ansiosos a que empezara a hablar.

—Buen día, niños —dijo, por fin—. Soy el Sr. Post. Lo primero que quiero hacer hoy es aprender sus nombres. Vamos a recorrer todo el salón. Cada uno de ustedes deberá presentarse y compartir algo sobre sí mismo con el resto de la clase. Puede ser sobre su pasatiempo o algo sobre ustedes que el resto de la clase no sepa.

Nadie en la clase quería ser el primero en hablar, así que el Sr. Post se ofreció a serlo.

—Como ya saben, soy el Sr. Post. Me gusta mucho viajar y trabajar como voluntario en mi tiempo libre. ¿Alguien quiere hacerme alguna pregunta?

De repente, la clase se llenó de charla.

—¿Nos va a asignar mucha tarea? —exclamó alguien. —¿Es usted bueno para explicar las ideas nuevas? —preguntó otro estudiante.

—¿Conoce juegos divertidos para jugar en el recreo? —voceó alguien más.

El Sr. Post respondió —Podremos hablar sobre esas cosas más adelante. Pero ahora vamos a centrarnos en sus pasatiempos e intereses. ¿Quién quiere hablar primero?

—Yo quiero —dijo una niña de la primera fila—. Me llamo Anna. Me gusta andar en patineta en mi tiempo libre.

—Gracias, Anna —dijo el Sr. Post—. ¿Quién sigue?

Algunos estudiantes aún se sentían tímidos, pero después que otros compartieron algo sobre ellos mismos, se hizo más fácil para todos.

—Soy Jake, y lo que más me gusta hacer es tocar la guitarra —explicó un niño alto.

—Yo me llamo Mila —dijo una niña de cabello oscuro—. Me divierte pintar.

Muy pronto todos habían compartido, y el Sr. Post dijo: —Eso estuvo muy bien, chicos. Hablemos ahora de lo que hicieron durante el verano.

Empezó el Sr. Post: —Pasé el verano trabajando en un proyecto especial. Me ofrecí como voluntario para trabajar con un equipo de gente que ayuda a construir casas para personas que no tienen dinero para comprarse una.

Algunos estudiantes parecían sorprendidos. Jake levantó la mano y le preguntó al Sr. Post: —Pero ¿por qué quiso pasar el verano trabajando?

El Sr. Post sonrió y le explicó a la clase: —Bueno, en realidad me gusta ayudar a las personas de la comunidad, porque me parece divertido y me satisface. El trabajo que hago beneficia realmente a la comunidad y ayuda a que sea un mejor lugar para vivir. ¿Alguno de ustedes se ofreció alguna vez como voluntario para ayudar a otros?

La clase permaneció en silencio, pero unos minutos después algunos estudiantes levantaron la mano.

—Mila, ¿verdad? —preguntó el Sr. Post a la niña de cabello oscuro que levantó la mano.

Ella asintió con la cabeza y dijo: —Yo ayudé en el programa de verano en el preescolar donde trabaja mi mamá. Me gustó mucho jugar con los niños pequeños y ayudarlos a hacer manualidades.

Jake fue el siguiente en compartir su experiencia: —A veces ayudo a mi vecino, el Sr. Martínez, a trabajar en su patio. Se está poniendo viejo y le cuesta hacer las cosas solo. Y en realidad no me molesta el trabajo en el jardín porque ayudo al Sr. Martínez y nos hemos hecho buenos amigos.

El Sr. Post sonreía mientras muchos otros estudiantes compartían con la clase de qué manera habían ayudado a otras personas durante el verano.

Entonces dijo: —Al oírlos hablar a todos se me ha ocurrido una idea. ¿Les interesaría organizar algunos eventos durante el año para ayudar a personas de la comunidad?

A toda la clase le gustó la idea del Sr. Post. Todos los estudiantes tenían sugerencias para hacer. Alguien mencionó que la clase podía comenzar un programa de reciclaje para ayudar a reducir la cantidad de basura. Otro señaló que podían ayudar a las personas mayores a llevar sus compras de alimentos a sus casas. Otro habló de rastrillar hojas para personas que no pudieran rastrillar.

El Sr. Post quedó muy contento con sus ideas y su entusiasmo. Al terminar el día, dijo: —Esta noche voy a pensar en cuánto tiempo podemos dedicar como voluntarios al proyecto. Mañana votaremos entre todas sus ideas.

Los alumnos del Sr. Post se fueron esa noche a su casa más alborotados que cuando llegaron. A todos les interesaba trabajar juntos como voluntarios en su comunidad. Esa noche, a algunos de ellos, al conversar sobre el tema, se les ocurrieron incluso más ideas.

Al día siguiente, la clase llenó el pizarrón con sus ideas sobre un proyecto comunitario, y el Sr. Post decidió que *todas* eran ideas maravillosas. ¡Sorprendió a sus alumnos anunciando que debían intentarlas *todas*!

Todos se preguntaron cómo podía ser eso posible. Pero el Sr. Post explicó: —Hoy voy a hablar sobre el plan para nuestro proyecto con la directora, la Sra. Hall. Tendré más idea luego.

Luego de la clase de matemáticas era hora del almuerzo. En el comedor, los estudiantes conversaban animadamente sobre cuál podría ser el plan del Sr. Post.

Esa tarde el Sr. Post repartió unas hojas y anunció: —¿Adivinen qué, chicos? El próximo paso es que cada uno de ustedes consiga que uno de sus padres llene estos talones de autorización. Cuanto antes los traigan de vuelta, antes podremos comenzar.

El plan del proyecto consistía en hacer hojas de inscripción que la gente llenara. De este modo los estudiantes se presentarían como voluntarios para cosas que les gustara hacer y para las que tuvieran tiempo. Esto quería decir que Jake podría ayudar a las personas con tareas en sus patios, o tocar la guitarra para los internados del hogar residencial para personas de edad avanzada. Mila podría ayudar a pintar un nuevo mural en el salón de kindergarten.

Un día la clase discutía cómo contarle a la comunidad sobre su proyecto. Un estudiante llamado Julio levantó la mano.

—Creo que deberíamos hacer carteles que digan qué servicios ofrecemos. Así la gente podrá llenar sus hojas de inscripción —sugirió.

—Es una gran idea, Julio —dijo el Sr. Post—. Deberíamos poner también en el cartel el nombre de nuestro proyecto.

El día anterior, la clase había decidido que el nombre del proyecto sería "Proyecto Buen Vecino".

Un grupo de estudiantes creó carteles, mientras otros elaboraban las hojas de inscripción. Juntos colgaron todo para que las personas pudieran entrar e inscribirse para cualquier servicio que necesitaran. ¡Algunas personas se inscribieron ese mismo día!

El Proyecto Buen Vecino se convirtió en un gran éxito. Todas las personas que pidieron ayuda quedaron muy contentas con el trabajo que hicieron los escolares.

Trabajaron como voluntarios en toda la comunidad. Algunos estudiantes ayudaron a hacer las compras a personas que no podían hacerlas por sí mismas. Anna le enseñó a niños más pequeños sobre el uso del casco de seguridad para andar en patineta. Jake tocó la guitarra, los sábados por la tarde, para los residentes del hogar para personas de edad avanzada.

Pronto se corrió la voz sobre el Proyecto Buen Vecino. Hubo hasta una reportera de un periódico que pidió entrevistar a los niños y niñas sobre sus actividades. El Sr. Post estaba muy orgulloso de sus estudiantes de tercer grado.

Cuando la reportera llegó al salón de clases, vio que había fotos en todas las paredes de todas las actividades de voluntariado. El Sr. Post había tomado las fotos mientras iba de un lugar a otro para ver cómo les estaba yendo a los estudiantes.

La reportera quedó muy impresionada con los rostros sonrientes de las fotos. Mientras las miraba, los estudiantes le explicaban lo que habían hecho.

Anna señaló una foto en la que ella le enseñaba a un niño pequeño a colocarse bien su equipo de seguridad para andar en patineta. —Ahora es un patinador mucho más seguro —dijo.

En otra foto se veía a Jake tocando su guitarra en el hogar residencial. Jake sonreía mientras le contaba a la reportera —Hasta pusieron mi foto en el boletín del hogar.

La reportera se sorprendió al saber cuánto habían llegado los estudiantes a conocer a las personas a las que ayudaron. Le mencionó al Sr. Post que estaba impresionada con los comentarios positivos que habían realizado los miembros de la comunidad sobre sus estudiantes.

Luego de escuchar las historias sobre cada una de las fotos, volvió a la oficina del periódico local y escribió un artículo sobre el Proyecto Buen Vecino. Su jefe quedó muy complacido con el artículo sobre los estudiantes del Sr. Post. Le gustó tanto que decidió poner la historia en la primera plana del diario del día siguiente.

El año escolar pasó muy rápido. Los estudiantes del Sr. Post apenas notaron que corrían los meses. Estaban muy ocupados con el Proyecto Buen Vecino.

Al terminar el año escolar, la directora, la Sra. Hall, le entregó a cada estudiante un premio especial por la dedicación que habían demostrado para con la comunidad. El Sr. Post les dijo a los chicos que estaba orgulloso de ellos por hacer que el proyecto fuera un éxito tan maravilloso. Estaba especialmente complacido con todo el duro esfuerzo que habían puesto en el Proyecto Buen Vecino.

Involucrarse

El Sr. Post había ayudado a construir casas accesibles durante sus vacaciones de verano. ¿Cómo es que hacen ciertos grupos de personas para construir casas accesibles? Echemos un vistazo más de cerca.

Algunos estados hacen convenios con organizaciones sin fines de lucro. Juntos establecen el objetivo de cuántas casas accesibles quieren construir en un año. Estas organizaciones colaboran en el pago de algunos de los materiales de construcción, el equipamiento o el terreno. También ayudan a organizar el trabajo voluntario. Las personas que van a vivir en las casas también ayudan a construirlas. Por todas estas razones, el costo de construir las casas se mantiene bajo. ¡Eso significa que son accesibles para la gente!